노을의 여백

ⓒ2021 류광열

노을의 여백

1판 1쇄 : 인쇄 2021년 10월 25일
1판 1쇄 : 발행 2021년 10월 28일

지은이 : 류광열
펴낸이 : 서동영
펴낸곳 : 서영출판사

출판등록 : 2010년 11월 26일 제 (25100-2010-000011호)
주소 : 서울특별시 마포구 월드컵로 31길 62
전화 : 02-338-0117 팩스 : 02-338-7160
이메일 : sdy5608@hanmail.net

디자인 : 이원경

ⓒ2021류광열 seo young printed in seoul korea
ISBN 979-11-92055-03-9 04810
ISBN 978-89-97180-00-4(set)

이 도서의 저작권은 저자와의 계약에 의하여 서영출판사에 있으며 일부 혹은 전체 내용을 무단 복사 전제하는 것은 저작권법에 저촉됩니다.
※잘못된 책은 구입하신 서점에서 바꾸어 드립니다.

오늘의 詩選集 52

노을의 여백

류광열 시조집

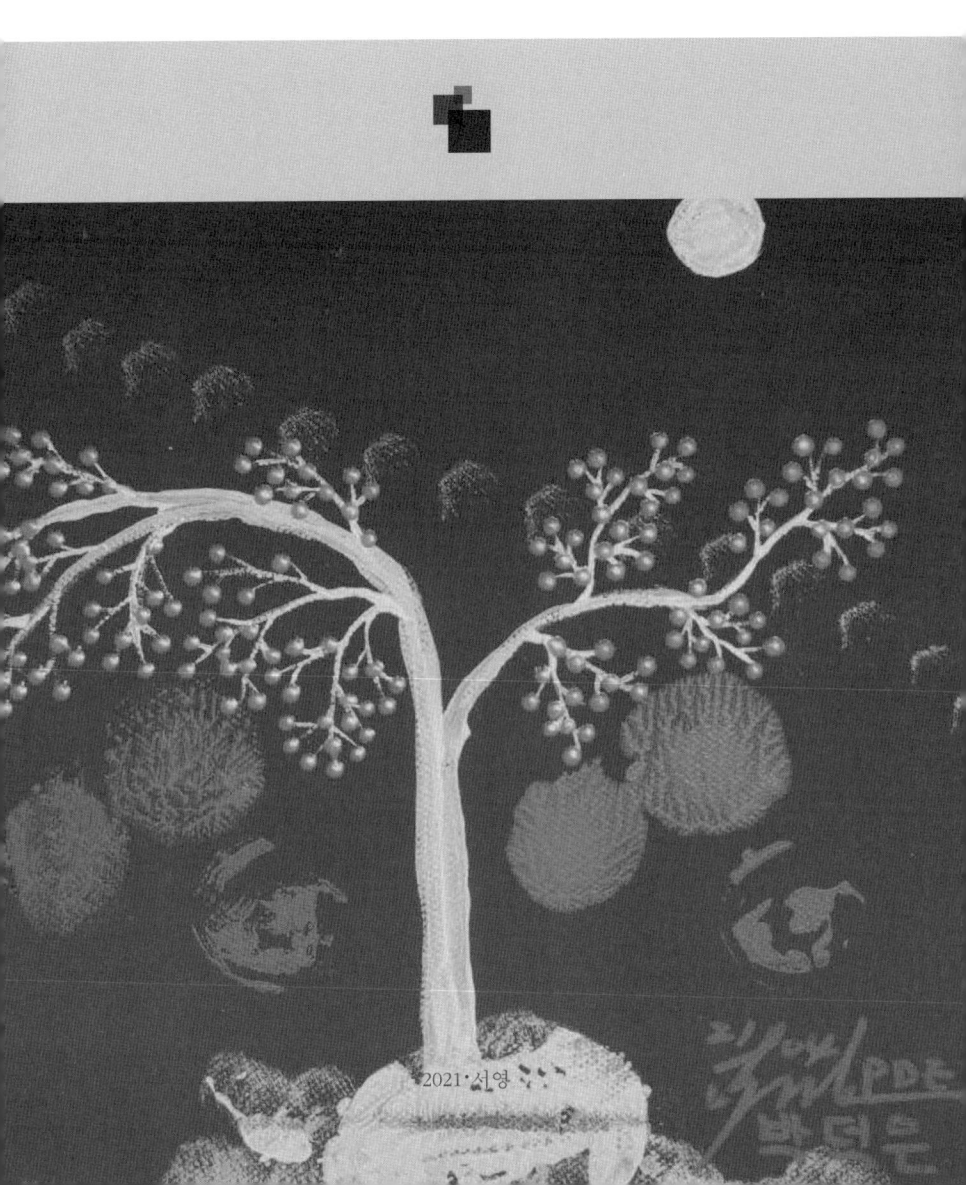

2021·선영

류광열 시인의 첫 시조집 출간을 축하하며

　류광열 시인은 1941년 12월 30일에 전라남도 화순군 동면 백용리 178번지 용생마을에서 아버지 류용진 씨와 어머니 고명순 씨 사이에서 오 남매 중 장남으로 태어났다.
　부모의 넉넉한 사랑 속에 성장하여, 면 소재지에 있는 동면 국민학교를 다니던 중, 6.25 전쟁이 발발하여 일시 중단했다가, 가족이 화순읍으로 이사를 왔기에 화순 국민학교에 3학년으로 편입하여 졸업했다.
　이어 화순 중학교, 광주 공업고등학교에 입학하여 여러 고을 친구들을 사귀게 되었다. 이후 같은 반 짝궁 허재호(전 대주건설 회장)와의 인연도 좋았지만 국어과목을 담당했던 김포천(희곡작가, 전 광주 문화방송사장) 선생님을 잊을 수가 없다. 오늘의 나를 만든 씨앗을 심었던 분이었다고 반추되기 때문이다.
　류광열은 전남대학교 공과대학 토목공학과에 1961년 입학했다. 3학년 때 ROTC에 입단하여 1965년 졸업과 동시에 ROTC 3기로 소위 임관하여, 광주에 주둔하고 있던 제1207

건설공병단 소대장으로 전임되어, 벌교 존재산 꼭대기 미사일 진지 공사장에서 근무했다. 그러던 중 월남파병 지원서를 제출하였는데, 그게 그만 복무 연장이 되어 버렸다.

하루는 아들의 연애 사실을 알게 된 그의 아버지가 뜬금없는 조기 결혼을 시켜 버렸다.

1963년 겨울에 결혼한 그는 슬하에 1남 2녀를 두었다.

월남전에 참전한 그는 1969년 백마사단 공병대대 작전장교로 임명받고 진급되어 중대장 보직을 완수한 뒤 귀국했다.

이후 전방사단에서 근무 중 육군공병학교 고군반 교육을 이수했으며, 얼마 후 학교 교관으로 명을 받고, 2년간 근무를 마치고 타 부대를 갔다가 다시 학교로 돌아와서 해외 기술자 양성교관으로 지냈다.

그 뒤 전역 지원서를 제출하였다. 김해에서 광주로 이사한 후 일주일쯤 지나, 공병학교 학처장으로부터 연락이 왔다. 문교부에서 군사학 교육관 모집이 있다고 했다. 자격 조건에 적격이니 서류를 제출해 보라는 내용이었다. 응시한 결과 국가직 사무관 합격 통지서를 받을 수 있었다. 그와 동시에 광주교육대학교에 발령장을 받고 부임하여, 그곳에서 공직생활 30여 년을 근무하다가 정년퇴직했다. 은퇴 후에는 화순 고향집으로 돌아와 지금까지 살고 있다.

고엽제 전우회 화순군지회를 2007년에 창립하여 지회장으로서 회원들의 선양복지를 위해 노력했으며, 지금은 후임자에게 물려 주고, 대한민국고엽제전우회 중앙대의원으로 봉사하고 있다.

　어느 날 우연히 담양 죽녹원에서 열리는 시화전을 구경하다가, 시문학 입문의 기회를 가지게 되었다.

　한실문예창작 지도 교수 박덕은 박사의 섬세한 지도를 받아, 월간지 [문학공간] 신인문학상 시조 부문 당선으로 문단에 데뷔하게 되었고, 시 100여 편, 시조 100여 편을 창작하게 되었다.

　현재, 광주문인협회 회원, 광주시인협회 회원, 한실문예창작 회원, 한꿈문학회 회원, 싱그러운 문학회 회원, 꽃스런 문학회 회장으로 활동하고 있다.

　자, 그러면 지금부터 류광열 시인의 시조 세계로 들어가 감상해 보도록 하자.

　　허리선 굽고 굽어 거동이 불편하다
　　윤이 난 손잡이로 가족들 먹여 살려
　　녹슬은 무언의 자태 어머니의 뒷모습

　　석양빛 비쳐드는 조용한 헛간에서
　　한 서린 굽은 말들 시렁에 주렁주렁
　　그리움 붉게 물들어 추억 품은 먼 옛날.

　　　　　　　　　　　　　- [호미] 전문

　이 시조에서의 시적 화자는 호미를 통해 어머니를 떠올리고 있다.

허리선은 굽어 있고, 거동은 불편한 어머니, 호미의 손잡이가 윤이 나도록 일하여 가족들 먹여 살리던 어머니, 이제는 녹슬어 말이 없는 호미처럼, 석양빛 스며든 헛간에서 한 서린 독백을 내뱉고 있다.
  그 모습이 떠올라, 그리움에 붉게 물든 추억을 손에 쥐고 있는 시적 화자, 그 모습이 애처롭다.
  지극히 절제된 시어로 내면의 아픔 배인 추억을 시적 형상화해 내고 있다.

    수줍어 곱게 물든 웅크린 잠 속으로
    봄바람 다가와서 간지럼 주고 가면
    새하얀 속살 내놓고 수다떨며 웃는다

    추억이 다가와서 동행을 재촉하자
    웃는 입 못 다문 채 좋아서 살랑살랑
    떠나는 뒷모습 보며 상춘객들 아쉬워

    젊은 날 부귀영화 가슴에 묻어 두고
    빛바랜 그리움만 봄날과 함께한다
    노인의 굽은 허리에 내려앉는 꽃잎들.
                      - [벚꽃 단상] 전문

  이 시조에서의 시적 화자는 벚꽃을 애정 어린 시선으로 바라보고 있다.
 수줍어 곱게 물든 잠에게 다가온 봄바람, 간지럼 주고 가면, 벚꽃은 하얀 속살 내놓고 수다떨며 웃어댄다. 그때 추억이 다가와 같이 가자 유혹한다. 웃는 입 못 다문 채 따라나서는 꽃의 뒷모습, 노인의 굽은 허리에 내려앉는 낙화, 그 모습에서 부귀영화의 쓸쓸한 뒷모습과 빛바랜 그리움의 뒷모습을 한꺼번에 떠올린다.
 화려한 벚꽃과 쓸쓸한 낙화를 통해, 인생 전반을 내려다보며, 회한에 잠겨 드는 시적 화자를 만나게 된다.

 보랏빛 펼쳐 놓은 마지막 축제 무대
 은은한 향기 타고 사랑을 노래해요
 당신이 온다는 그날 오늘이길 바래요.
　　　　　　　　　　 - [구절초] 전문

 이 시조에서의 시적 화자는 구절초가 피어 있는 무대에 서 있다.
 보랏빛이 펼쳐져 있는 마지막 축제 무대, 은은한 향기 타고 사랑을 노래하고 있다. 그러면서, 간절히 염원하고 있다. 당신이 온다는 그날이 바로 오늘이기를 바라며. 그동안 얼마나 오래도록 당신이 오기를 기도했던가. 얼마나 애타게 소망했던가. 제발 오늘이 바로 당신이 오는 날이었으면 좋겠다.

구절초가 흐드러지게 피어 있는 오늘, 더이상 꽃이 시들어
버리기 전에, 오늘 당장 당신이 오기를 간절히 바라고 있다.
인생은 미래가 아니라, 바로 오늘이니까.

만연산 오르는 길 좌우가 온통 절색
선홍빛 환한 웃음 속마음 사로잡아
시선이 붙박이 되어 떠날 줄을 모른다

따스한 봄볕들을 바르고 채우면서
빛 고운 색실 갖춰 자수를 놓았구나
벌나비 날개 파닥여 불러오는 봄바람

꽃들은 흥청망청 미소를 흘리면서
방문객 가슴마다 감동을 심어 놓고
내년에 또 만나자며 호탕하게 웃는다.

- [철쭉꽃길] 전문

이 시조에서의 시적 화자는 만연산을 산행하면서, 길 좌우
로 피어 있는 선홍빛 철쭉꽃밭을 바라보며 감탄하고 있다.
　따스한 봄볕, 빛 고운 색실 자수 동산, 벌나비와 봄바람이
어우러져, 꽃들은 흥청망청 미소를 흘리고 있는 산중턱, 방
문객들은 가슴마다 감동에 젖어들고, 내년에 또 만나자며
호탕하게 웃는 자리, 바로 만연산 자락 철쭉꽃길의 정경을

아름답게 수놓고 있다.
　마치 수채화를 그리듯, 시어로 그림을 그려놓고 있다. 그 솜씨가 아주 세련되어 보인다.

시루에 담은 정성 세월에 묻혔어도
어머니 생각하며 한마음 정성으로
고운 정 넝쿨 마디에 곱다랗게 피었다

동생들 어린 모습 눈앞에 벙글대고*
오늘도 다정함에 우애가 돋아나면
피어난 꽃송이마다 그리움이 맺힌다.

*벙글다 : 꽃을 피우기 위해 망울이 생기다.

- [으아리꽃] 전문

　이 시조에서의 시적 화자는 으아리꽃을 보면서, 어머니의 모습을 가슴에 새기고 있다.
　시루에 담은 정성이 세월에 묻혔어도 마치 어머니의 한마음 정성처럼 고운 정이 넝쿨 마디 마디에 곱게 피어 있는 모습이 아주 인상적인 꽃, 이 덕분에 동생들의 어린 모습도 떠오르고, 다정함에 우애가 돋아나는 것도 모두 다 어머니의 배려 때문, 그래서인지 피어난 꽃송이마다 그리움이 초롱초롱 맺힌다.
　으아리꽃을 통하여, 어머니와 동생들에 대한 따스한 정

을 회상하게 되고, 한순간 추억에 푹 젖어드는 모습이 잘 그려져 있다.

    하루일 마치고 온 수평선 붉은 빛들
    외딴섬 비켜오는 어선들 정겨운데
    옛정에 젖은 눈동자 추억 속을 헤맨다

    남은 생 함께하자던 저녁의 깊은 눈빛
    주위와 상관없이 더 곱게 성장하며
    이제는 마지막 사랑 믿고 사는 멋쟁이

    여생이 촌음인데 너무나 황홀하다
    떠나는 순간까지 이토록 좋을 수가
    당신의 고운 모습만 생각하며 살리라.
                      - [석양] 전문

  이 시조에서의 시적 화자는 석양을 바라보며 자기 세계관을 정리하고 있다.
  수평선의 노을, 그 속으로 돌아오는 어선들, 그 순간 촉촉이 정에 젖은 눈시울, 추억 속에서 남은 여생을 함께하자던 눈빛도 떠올린다. 이게 마지막 사랑일지라도 후회 없는 삶, 짧은 여생 속에서도 마지막 죽는 그 순간까지 당신의 고운 모습만 생각하며 사랑하고 지조를 지키면서 살아가겠다는 결심, 그 모습이 더욱 아름답게 여겨진다.
 한 편의 시조를 통해 자기 인생관을 담백하게 그림처럼 펼쳐내는 솜씨가 아주 좋다.

 승선한 파월 장병 부산항 출국 신고
 군악대 연주 속에 사기가 충천하여
 수평선 열고 닫으며 수송선은 달렸다

 우리가 하선한 곳 월남땅 나트랑 항
 한밤중 터진 포탄 지축을 흔드는데
 정글 속 수색 작전에 동행하는 생과 사

 꽃피던 이십 대가 목숨 건 격전지들
 자연의 무상 앞에 옛 모습 흔적 없어
 머리에 서릿발 이고 회상해 본 전적지.
　　　　　　　　　　　　- [노병의 회고] 전문

 이 시조에서의 시적 화자는 파월 장병 시절을 회상하고 있다.
 군악대 연주의 환송을 받으며 수송선 타고 떠났던 전쟁터, 도착한 월남땅 나트랑 항, 포탄과 정글 속 수색 작전에 목숨을 걸었던 그때, 꽃피던 20대를 격전지에 다 바쳐야 했던 시절, 다행히 살아 돌아와 그 시절을 고즈넉이 회상하고 있는 시적 화자, 나이들어 흰머리가 된 지금, 무상함에 푹 젖어 있다.
  실제 월남전에 참전했던 류광열 시인의 내면이 읽혀지는 듯하여, 숙연해지게 하는 시다.

  먼 길을 돌고 돌아 서러움 지워내면
  훈훈한 바람결이 반갑게 다가오지
  우듬지 펄럭거리며 꺼내 보는 연둣빛

  여윈 몸 품 안에서 깨어난 생명의 싹
  지난날 하던 대로 풍성히 살찌웠지
  이제는 녹음방초에 초대하리 당신을

  풍성한 결실들도 돌아보면 꿈이더라
  뜨겁던 그 시절로 단풍잎 띄워 본다
  먼저 간 고운 님 손길 느껴 보고 싶어라

  지나온 부귀영화 한 폭의 그림인가
  곁에서 떠난 벗들 어디서 불러올까
  오늘밤 함박눈 오면 따스하게 열릴까.
                              - [나무의 일생] 전문

  이 시조에서의 시적 화자는 나무의 일생을 내려다보고 있다.

생명의 싹이 풍성히 살찌워 녹음방초가 되고, 풍성한 결실을 맺고 뜨거운 시절의 상징인 단풍이 되었다가, 이윽고 함박눈을 맞이하고 있는 나무, 그 나무가 어쩌면 한 사람의 삶을 대변하고 있는 듯하다. 먼저 간 고운 님, 곁에서 떠난 벗들까지 뒤돌아보게 하는 나무, 한때는 쉬게 해주기도 하고, 한때는 풍요로운 시절과 부귀영화를 품에 안고 지내기도 했으나, 지금은 차가운 한겨울 함박눈 아래 서 있다.

나무를 통하여, 인생 전반을 뒤돌아보게 하는 시, 그 안에 시조의 가치와 효용성이 융융히 흐르고 있다.

    예상한 그보다도 백 배나 아름다워
    도열한 벚꽃길을 사진에 담아 본다
    숨막힌 봄의 진입로 들어서니 즐거워

    가로수 벚꽃들이 환희로 만개하고
    새하얀 너울 쓰고 길손들 반기는데
    짓궂은 비가 내린다 지는 인연 슬퍼라.

                        - [벚꽃길] 전문

이 시조에서의 시적 화자는 벚꽃길을 거닐며 그 풍경을 사진에 담고 있다.

상상했던 것보다 백 배나 아름답다고 감탄하고 있다. 숨막힐 듯한 봄의 진입로에 들어선 발걸음은 마냥 가볍고 즐겹다. 가로수 역할도 하는 벚꽃들이 환희로 만개하고 새하얀 너울 쓰고 반겨 주어 더욱 행복하다. 그런데, 이게 무슨 변인가. 짓궂은 봄비가 내린다. 낙화 따라 지는 인연이 떠올라 잠시 진한 슬픔에 잠긴다.

  섬세한 감정의 파노라마가 이 작은 시심 안에 곱게 펼쳐져 있다. 이게 시조만이 누릴 수 있는 특질이 아닐까.

    접혔다 펼쳐지는 보고픔 훔쳐보면
    그 틈에 발광하는 추억의 꼬리 잡고
    아직도 당신 그리며 방황하는 이 한밤.
                - [이별] 전문

  이 시조에서의 시적 화자는 한밤중에 잠 못 든 채 접혔다 펼쳐지는 보고픔을 훔쳐보고 있다.

  그 틈에 발광하는 추억, 그 추억의 꼬리 잡고 사랑하는 님을 그리며 애타하고 있는 시적 화자, 그가 방황하는 밤이 외롭고 처량해 보인다. 그러나, 이러한 몸부림이 없는 밋밋한 인생이 더 두렵고 무섭다. 차라리 이렇게 그리워하며 고통스러워하며 불면의 밤을 보낸 시절이 더 그리워질 날이 곧 올 테니까.

  그런 생각에 잠기게 하는 시조, 멋지다.

    서강을 휘돌아서 삼 면을 막아 놓고

나갈 곳 오직 한 곳 율륙봉 험준 암벽
　　눈멀고 귀먹은 아픔 캄캄하게 저문다

　　유배지 솔밭 그늘 스산한 바람 일고
　　매일을 하루같이 눈뜨면 지루함뿐
　　허기져 메마른 가슴 저 하늘은 아는지

　　덧씌운 인간의 탈 갈 길이 아니건만
　　세상사 후안무치 자행한 천륜만행
　　권력을 거머쥔 당신 사는 동안 편합디여?

　　　　　　　　　　　　- [청령포에서] 전문

　이 시조에서의 시적 화자는 청령포에서 사회와 정치 현실을 내려다보고 있다.
　강을 휘돌아 둘러싸고 있는 율륙봉 험준 암벽 앞에서 서 있는 시적 화자, 그만큼 사회에서 격리되어 버린 처지, 유배지 솔밭에 날마다 찾아오는 건 지루함뿐, 가슴은 허기져 메마르고 슬프기만 하다. 후안무치, 천륜만행의 세상, 불의 편에 선 권력, 그걸 거머쥐고 살아가는 사람들에게 풍자의 화살을 쏘아대고 있다.
　참된 인간의 길을 다 같이 가기를 바라는 소망이 짙게 담겨 있다.

사나이 날 선 의지 하늘에 맹세하고
백두대간 푸른 혈류 유유히 흐르도록
명예도 바다에 깔고 애국심만 키운다

운해 속 새벽 안개 예측을 못할 때도
충성의 깃발 끝에 생명을 매달고서
가슴속 최후의 승전 목숨 내건 의로움.

- [충무공 이순신] 전문

  이 시조에서의 시적 화자는 충무공 이순신 장군을 기리고 있다.
  날 선 의지로 몸 바쳐 애국하기로 하늘에 맹세한 사나이, 그 몸속에는 백두대간의 푸른 혈류가 흐르고 있다. 명예는 바다에 깔고, 충성의 깃발 끝에 자기 생명과 운명을 매단 채, 가슴속 최후의 승전에 도전하는 사나이, 목숨 내건 의로움을 목격한 독자들의 마음을 사로잡고 있다.
  애국의 참뜻을 알려 주고 심어 주는 소중한 텃밭이 독자의 가슴을 한참 먹먹하게 해주고 있다.

기댈 곳 없던 시절 외로움에 등을 대며
속울음 토해내며 버티고 버티는데
수평선 물들인 노을 그리워라 엄마 품.

- [서러움] 전문

이 시조에서의 시적 화자는 기댈 곳 없는 시절을 떠올리고 있다.
　외로움에 등을 기대며 살아가야 했던 그 시절, 애써 속울음 토해내며 버티고 버텼던 그 시절, 이제 와 뒤돌아보니, 그리움만 가득하다. 수평선 물들인 노을 때문에 더욱더 그리워지는 엄마 품, 마치 어린애가 된 듯 눈시울이 촉촉이 젖어들고 있다.
　다채로운 감성의 세계를 선보이는 류광열 시조 시인의 붓 터치가 세련되어 보인다.

　　추억길 고개 넘어 은은한 달빛 타고
　　새벽녘 문을 열며 손짓하는 옛 시절
　　새아침 고운 햇살로 다가오는 첫사랑

　　빈 하늘 쳐다보며 목놓아 부르는데
　　허전한 오후가 방안으로 숨어들어
　　기댈 곳 없는 외로움 해거름을 건넌다.
　　　　　　　　　　　- [그리움·4] 전문

　이 시조에서의 시적 화자는 첫사랑의 추억에 젖어 있다.
　추억이 펼쳐지는 고개를 은은한 달빛 타고 넘어가면, 새벽녘 문이 나온다. 그 문을 열고 손짓하고 있는 옛 시절, 거기 새아침 고운 햇살로 다가오는 첫사랑이 기다리고 있다. 목놓아 부르는 소리, 허전한 오후가 방안으로 스며들 뿐이건만, 첫사랑은 그 어디에도 보이지 않고, 기댈 곳 없는 외로움만 어스름의 길목을 건너고 있다.
　무리하지 않고 자연스레, 이미지 구현을 통해 시심의 그릇을 선명히 그려내고 있는 표현기법이 돋보인다.

　　고매한 품성으로 세상을 다독이며
　　기쁨과 고난까지 온몸에 수놓은 채
　　묵묵히 맞이해야 할 숙명적인 나날들

　　언제나 한결같이 산자락 펼쳐 놓고
　　계절을 전시하는 풍경화 그려 가며
　　모두들 즐거움 안고 추억 송이 새긴다.
　　　　　　　　　　　　　　- [산] 전문

　이 시조에서의 시적 화자는 산을 의인화하고 있다.
　고매한 품성의 소유자로서, 기쁨과 고난을 온몸에 수놓은 채 묵묵히 숙명의 나날을 맞이하는 산, 언제나 한결같이 산자락 펼친 채 계절의 풍경을 전시해 주는 산, 이 산으로 인하여, 우리 모두가 즐거움 안고 추억 송이 새기며 살아갈 수 있다. 그 고마움, 그 따스함, 그 듬직함에 반한 시심과 함께 우리 독자도 그 산을 마음 깊이 받아들이고 있다.
　어쩌면, 시인도 이 산처럼 살아가며 여생을 마치고 싶은

건 아닐까.

　시조를 사랑하며, 산을 사랑하며, 시심으로 마음껏 추스르며 우아하게 삶을 꾸려 가고 싶은 시인의 마음을 만날 수 있어 우리 독자들은 행복하다.

　시조는 3장(초장, 중장, 종장) 6구 45자 내외로 짜여지는 각 장 4음보 총 12음보 운문이다.

　기본 음수율은 3.4조, 4.4조이며, 보편적으로 종장 첫 구에는 3음절 감탄구와 이어지는 5.4.3의 율격을 활용하여, 다채로운 시적 형상화를 해놓아 완결 짓고 있는 장르이다.

　3장 6구 4음보 43자 기본 구조를 갖춘 평시조, 초장이나 중장 중 어느 한 장이 평시조보다 파격을 이룬 엇시조, 종장의 첫 구의 3음절만 유지되고 나머지는 모두 파격을 이룬 사설시조, 초장, 중장, 종장 3장의 시조를 몇 번이고 거듭하여 나가는 연시조, 3장이 1수이던 종래의 시조 형식이 2장 1수의 새로운 단형시조 형태가 양장(兩章)시조이다.

　고려 말에는 고려 왕조를 향한 변함없는 충정과 절개를 주로 노래하였고, 조선 전기에는 사육신의 충절가, 조선 개국 공신들에 대한 송축, 자연친화적인 인생관, 안빈낙도의 삶, 사랑하는 임과의 사랑이나 이별 노래, 기녀들의 세계, 유교적인 도리와 학문 수양에 대해 주로 다뤘고, 조선 후기에는 서민 삶에 대한 애환, 현실 부조리에 대한 풍자와 해학과 달관, 전문 가객들의 현실 비판, 자연 예찬 등의 세계를 다루었다.

갑오개혁 이후 민족의 수난기를 거치면서 시조는 새롭게 태어나 시문학의 한 장르로 굳게 자리를 잡았다. 특히 사설시조는 임란 후 평민문학을 대변하였으며, 풍자적 서민문학으로 서민의 강렬한 애정과 꾸밈없는 자기 폭로를 다루었다. 구체적인 일상생활에서 소재를 선택했으며, '모처라, 그 즘에' 등의 새로운 허사를 개척했으며, 희화적, 희곡적, 풍자적 성격을 띠고 있었다.

현대시조에 이르러서는 고시대의 율격을 그대로 계승하되, 음절수의 대담한 파격을 이루었다. 시행의 배열이 자유롭고, 연시조가 많아졌고, 제목이 작품마다 붙여졌다.

복잡다기한 현대인의 삶을 반영하는 다양한 사상, 미묘한 감정 등을 주제로 표현하거나, 자아의 내면세계에 파고들거나, 개성적, 사색적, 관조적 특성을 보이는 작품들이 쏟아져 나왔다. 그 덕분에, 다양한 표현 기교를 사용하여 개성적이고 참신한 이미지 구현, 여러 표현기법을 활용하여 긴밀한 구조를 이루는 회화성 중시, 시어의 자연스러운 호흡 강조, 순수한 우리말 사용, 이미지나 공감각 사용 등이 특징을 이루었다.

류광열 시조 시인은 현대시조의 특성을 잘 갖춘 시조들을 창작하여, 우리들에게 선보이고 있다는 점에서 우리들을 행복하게 해주고 있다.

앞으로 제2, 제3 시조집을 출간하여, 독자들에게 보다 많은 감동을 안겨 주리라 믿는다. 늘 건강하여 장수하면서, 반

짝반짝 빛날 뿐만 아니라 전율이 흐르는 감동까지 안겨 주는 시조 창작의 길을 성실히 즐겁게 나아가길 바란다.
　다시 한 번 류광열 시조집 출간을 진심으로 향긋이 축하한다.

　　　　　　　　- 알밤과 감이 탱글탱글 익어가는 가을날 주말에
　　　　　　　　한실문예창작 지도 교수 박덕은 작가
　　　　　　　　(문학박사, 전 전남대학교 교수, 문학평론가, 시인, 소설가, 동화작가, 화가)

류광열 시인의 첫 시집 출간을 축하하며

작가의 말

 풍성한 결실의 계절에 첫 시조집을 펴내게 되어 행복하다.
 어렵게만 느껴졌던 내 인생의 버킷리스트 중 하나가 이루어져서 더욱 기쁘다.
 언제부턴가 '나도 글을 쓸 수 있을까?'라는 질문을 가끔 자신에게 던져 보곤 했다.
 세월이 흘러 우연한 기회에 박덕은 문학 박사님을 만났다.
 시문학 공부를 해보라는 권유를 받게 되었다. 망설여졌지만 싫지는 않았다. 오히려 호기심은 현실로 발동했다.
 '그래 한 번 도전해 보자'로 시작한 시문학 공부가 벌써 십 년을 넘었다. 그러나 창작은 생각보다 만만치 않았다.
 늦깎이 초년생의 절차탁마의 결심에도 태만이 자주 찾아왔다.
 그때마다 열과 성을 다해준 교수님의 격려는 초심으로 돌아가게 하는 큰 힘이 되었다.
 한 권의 시조집이 태어나기까지 진심 어린 정성으로 이끌어 준 한실문예창작 지도 교수 박덕은 문학 박사님께 심심

한 사의를 표한다.

  높은 곳에서 지켜봐 주신 부모님에게 뜨거운 감사를 올린다. 형제자매들의 한결같은 우애와 배려도 너무 고맙다.

  오늘이 있기까지 관심을 가져준 자식들에게 고마움 한아름을 안긴다. 물심양면으로 항상 응원을 보내준 아내에게 뜨거운 박수를 보낸다.

  그리고 한실문예창작 싱그런 문학회 문우님들에게도 감사드린다.

— 가을의 초입에서
시인 류광열

祝詩

시인 류광열

박덕은

기계음 속에서도
푸르른 깃을
잊지 않고 심었다

월남전의 포화 속에서도
낭만의 숨결을 보듬고
시리게 뒹굴었다

산야를 내디디고
치달릴 때도
방향과 의지를
줄곧 곧추세웠다

새로 마련한
언덕 위 보금자리
여러 새소리 앉히고
시심을 가다듬었다

한 편 한 편

호수의 둘레길 돌며
시조의 멋과 맛 자락
깊고 또 깊고

심지어는
꿈속에서도
추억의 눈시울 아래서도
리듬과 이미지를
촘촘히 배열했다

이윽고 다다른
전율의 쉼터
거기 가장 큰 줄기 잡고
호탕한 웃음을 터뜨리자

노을녘 모롱이로
와아아 쏟아지는
감동의 빛살들이
오로라로 피어오른다.

祝詩 - 박덕은

차 례

류광열 시인의 첫 시조집 출간을 축하하며 - 박덕은 ··· 4
작가의 말   ··· 24
祝詩 - 박덕은   ··· 26

1장 — 저 달이 이울어도 반짝이는 그 시절

자목련	··· 34
화초	··· 35
할미꽃	··· 36
금낭화	··· 37
백철쭉	··· 38
철쭉꽃	··· 39
철쭉꽃 보며	··· 40
철쭉꽃길	··· 41
철쭉 축제	··· 42
은초롱꽃	··· 43
으아리꽃	··· 44
의아리	··· 45
제비꽃	··· 46
등심붓꽃	··· 47
등심붓꽃 군무	··· 48
노루귀	··· 49
상사화 잎	··· 50
상사화	··· 51
보리수 열매	··· 52
빗속 구절초	··· 53
구절초	··· 54

수선화	… 55
애기범부채	… 56
유홍초	… 57
설토화	… 58
대원사 벚꽃길	… 59
벚꽃 단상·1	… 60
벚꽃 단상·2	… 61
벚꽃길	… 62

2장 ─ 피어난 꽃송이마다 그리움

당신	… 64
노년 단상	… 65
후회	… 66
모정	… 67
친구야	… 68
당신 생각	… 69
소통	… 70
찻집에서	… 71
그리움·1	… 72
그리움·2	… 73
그리움·3	… 74
그리움·4	… 75
보고 싶다	… 76
거울 보며	… 77
가족 사진	… 78
인생 단상	… 79
소망	… 80
뉘우침	… 81

한 번쯤	… 82
이별	… 83
이별가	… 84
안타까움	… 84
떠나간 친구	… 86
유년의 추억	… 87
친구들의 만남	… 88
떠난 후에	… 89
인생	… 90
서러움	… 91
향수·1	… 92
향수·2	… 93
향수·3	… 94
향수·4	… 95
병원에서	… 96
자신감	… 97
님	… 98
주름살	… 99

3장 — 이른 봄 그리운 꽃대

낮달	… 102
산골 마을 우체통	… 103
호미	… 104
청개구리	… 105
석양	… 106
봄비	… 107
나무의 일생	… 108
새벽이슬	… 109
두견새	… 110

입춘	… 111
봄노래	… 112
오월이면	… 113
장마	… 114
보름달	… 115
쌍둥이 노송	… 116
당산나무 두 그루	… 117
조춘 단상	… 118
5월의 신기루	… 119

4장 — 함께할 그날 위해

만춘	… 122
연가戀歌	… 123
향사享祀	… 124
여행길	… 125
완도 수목원	… 126
백아산	… 127
환산정	… 128
환산정에서	… 129
백천 류함	… 130
충무공 이순신	… 131
노병의 회고	… 132
시조 짓는 노인	… 133
정치꾼	… 134
만연산	… 135
천운산	… 136
청령포에서	… 137
산	… 138
여자단체 양궁	… 139

제1장
저 달이 이울어도 반짝이는 그 시절

자목련

속울음 이겨내며 키워 온 꽃망울들
뒤늦게 다시 만난 인연이 너무 좋아
자줏빛 실한 꽃송이 햇발 아래 웃는다.

화초

꽃이불 같은 봄날 시집온 새색시가
주인의 밝은 미소 편안한 그 모습에
지극한 정성을 다해 행복한 집 만드네.

할미꽃

한평생 굽힌 허리 어머니 시간 같아
오늘도 머리 숙여 공손히 인사한다
겸허를 몸소 실행한 그리움의 그 이름.

금낭화

은은한 초롱불들 밤마다 수놓더니
기다림 좀이 쑤셔 산 넘어 마중 간다
저 멀리 보이는 내 님 단장하고 반기리.

백철쭉

봄날을 함께했던 그 사랑 못 잊어서
못다 한 슬픔 안고 때맞춰 또 왔구나
가신 님 명복 빌려는 소복단장 시리다.

철쭉꽃

길고 긴 아픔 뚫고 남으로 돌진한다
돌아올 그 님 위해 그리는 이 마음속
오신 길 두려울까 봐 빨간 꽃등 켜둔다.

철쭉꽃 보며

사람들 마음마다 사랑을 안겨 주면
연정의 그 시절이 스스로 달아올라
봄바람 군락지 돌며 추억들이 춤춘다

이슬로 씻은 햇살 꽃잎에 다가서면
향기를 불러모아 얼굴을 치장하네
오늘도 정성을 다해 불어넣는 예술혼.

철쭉꽃길

만연산 오르는 길 좌우가 온통 절색
선홍빛 환한 웃음 속마음 사로잡아
시선이 붙박이 되어 떠날 줄을 모른다

따스한 봄볕들을 바르고 채우면서
빛 고운 색실 갖춰 자수를 놓았구나
벌나비 날개 파닥여 불러오는 봄바람

꽃들은 흥청망청 미소를 흘리면서
방문객 가슴마다 감동을 심어 놓고
내년에 또 만나자며 호탕하게 웃는다.

철쭉 축제

선홍빛 등불 밝힌 산등성 집성촌에
엄동이 떠나가니 잔설도 사라진다
꽃들이 기지개 켜면 모여드는 상춘객.

은초롱꽃

영롱한 이슬 품은 천사의 하얀 미소
오늘도 삼삼오오 귀 열고 눈뜨면서
환하고 해맑은 뜻을 당신에게 전하리.

으아리꽃

시루에 담은 정성 세월에 묻혔어도
어머니 생각하며 한마음 정성으로
고운 정 넝쿨 마디에 곱다랗게 피었다

동생들 어린 모습 눈앞에 벙글대고*
오늘도 다정함에 우애가 돋아나면
피어난 꽃송이마다 그리움이 맺힌다.

---

* 벙글대다 : 소리없이 부드럽게 자꾸 웃다.

의아리

햇살이 요리조리 유심히 살피더니
어젯밤 소나기에 차오르는 슬픔들
행여나 마음 다칠까 안부 묻는 꽃송이.

제비꽃

웅크려 기다리는 기슭에 자리잡고
춘삼월 오는 그대 그리는 노심초사
봄마다 찾아온 제비 너무나도 반갑소.

등심붓꽃

꽃잎마다 탱탱하게 들어찬 그리움들
축제장 특별석에 주인님 모셔와서
오롯이 준비한 꽃춤 공연하며 웃는다.

등심붓꽃 군무

청명한 아침 햇살 바람과 너울너울
늦은 잠 털고 나와 함께한 무용수들
바람에 보라색 율동 빛이 나는 춤사위.

노루귀

받들고 모시면서 보살핀 마음자리
행여나 다칠세라 정성껏 보호한다
이른 봄 그리운 꽃대 피워내는 첫사랑.

상사화 잎

가슴속 그리움은 설렘을 무기 삼아
함께할 그날 위해 사랑을 넓혀 간다
이제는 만나 보리라 내 마음속 이상향.

상사화

간절한 마음으로 당신을 기다리며
피어낸 그리움 꽃 그 향기 가득한데
속울음 불들고 사는 내 마음을 아는지.

보리수 열매

둥글게 몸을 말아 떠나간 흰 꽃송이
청열매 도란도란 그 자리 대신하고
선홍빛 명상의 자세 침묵으로 서 있다.

빗속 구절초

그늘진 산비탈에 일가를 이뤘구나
힘없이 앓아눕는 보랏빛 꽃이파리
개인 날 청아한 모습 그리면서 견딘다.

구절초

보랏빛 펼쳐 놓은 마지막 축제 무대
은은한 향기 타고 사랑을 노래해요
당신이 온다는 그날 오늘이길 바래요.

수선화

애간장 끌어안고 봄날을 그려 가면
내 안에 꽃씨 움트는 소리가 들려온다
샛노란 사랑의 상징 마음 새겨 피우리.

애기범부채

꽃대 뼈 부러지듯 팽개쳐 버렸는데
뼈와 뼈 다시 만나 피워낸 꽃송이들
세상사 외적인 평가 자기 인격 망친다.

유홍초

붉은 꽃 마디마다 그리움 올려놓고
꿈속의 모습으로 그려 본 어린 자식
먼저 간 꼬마별 훈장 떠올리고 있구나.

설토화

은은한 달빛으로 당신을 수놓아요
사랑을 되새기는 순백의 꽃송이들
이 밤이 지새기 전에 보고픔을 전해요.

대원사 벚꽃길

고운 님 만나고자 기다린 삼백여 일
두려움 떨치면서 만개한 환희들이
흰 너울 마주보면서 활짝 웃어 반긴다.

벚꽃 단상 · 1

수줍어 곱게 물든 웅크린 잠 속으로
봄바람 다가와서 간지럼 주고 가면
새하얀 속살 내놓고 수다떨며 웃는다

추억이 다가와서 동행을 재촉하자
웃는 입 못 다문 채 좋아서 살랑살랑
떠나는 뒷모습 보며 상춘객들 아쉬워

젊은 날 부귀영화 가슴에 묻어두고
빛바랜 그리움만 봄날과 함께한다
노인의 굽은 허리에 내려앉는 꽃잎들.

벚꽃 단상·2

봄날의 퍼즐들을 맞추는 꽃빛들이
설레는 가슴 안고 발아래 앉을 거면
바람이 작당하기 전 인사 먼저 해야지.

벚꽃길

예상한 그보다도 백 배나 아름다워
도열한 벚꽃길을 사진에 담아 본다
숨막힌 봄의 진입로 들어서니 즐거워

가로수 벚꽃들이 환희로 만개하고
새하얀 너울 쓰고 길손들 반기는데
짓궂은 비가 내린다 지는 인연 슬퍼라.

제2장
피어난 꽃송이마다 그리움

당신

웃자란 이름 석 자 가슴에 새기련다
기다려 오신다면 한없이 기다리리
불러서 대답한다면 온몸으로 부르리.

노년 단상

노부부 인생길은 노을처럼 물들고
지난날 일구었던 추억을 매만지며
빛 같은 위안에 안겨 마주보며 웃는다.

후회

버티며 애태웠던 뜨거운 시선들이
가슴속 몰래 보던 그 마음 이제 알아
이렇게 떠날 것이면 내가 먼저 앞설걸.

모정

주름진 세월 안고 한평생 자식 위해
찬바람 가슴으로 막으며 안아 주던
그 모습 볼 수 없지만 생각마다 고인다.

친구야

가깝단 사이보다 속 깊은 우정으로
너 보면 행복하고 나 보면 기쁨 가득
짙푸른 인연의 고리 곱디곱게 가꾸자.

당신 생각

허공에 뿌리내린 이별의 씨앗 한 톨
새까만 가슴속에 터 잡고 슬피 운다
소나기 억수로 내려 씻겨가면 좋겠다.

소통

산새도 오지 않는 마음속 겨울산아
산그늘 길어지니 오늘도 서럽구나
그대는 알고 있는가 앓아누운 이 마음.

찻집에서

다향이 피어올라 그리움 불러오면
동그란 찻잔으로 뛰어든 콩닥거림
둘이서 나눴던 담소 향기 품고 맴돈다.

그리움·1

외로워 창문 열면 움트는 연둣빛들
봄날의 아지랑이 여름밤 별무더기
여전히 번지는 설렘 추억 깃든 그 시절.

그리움·2

앉아서 기다릴까 마중을 나가 볼까
울음을 터뜨리며 불러도 메아리뿐
눈물샘 가슴에 안고 흰 눈 따라 떠났나.

그리움·3

추억을 역류시켜 그 위에 집을 짓고
사방을 살피다가 그 시절 찾아내서
우리가 만나자 했던 그날 그곳 가 보리.

그리움·4

추억길 고개 넘어 은은한 달빛 타고
새벽녘 문을 열며 손짓하는 옛 시절
새아침 고운 햇살로 다가오는 첫사랑

빈 하늘 쳐다보며 목놓아 부르는데
허전한 오후가 방안으로 숨어들어
기댈 곳 없는 외로움 해거름을 건넌다.

보고 싶다

그리움 빽빽하게 허공에 그린 얼굴
추억에 젖을수록 날이 선 보고픔들
마지막 우리의 이별 백조처럼 슬펐소.

거울 보며

어쩌다 검은 머리 반백에 백기 들고
아버지 걸으셨던 그 자리 다다르니
아쉬운 백발이지만 받은 훈장 조부님.

가족 사진

하나의 심장으로 이어진 맑은 얼굴
즐거운 표정 위에 가족애 넘쳐나고
먼 훗날 이야깃거리 서로 챙겨 정겹다.

인생 단상

끝없이 속도 내며 여태껏 걸었건만
해와 달 변함 없고 낮과 밤 여전하다
한 가지 밟히는 것은 당신과의 이별길.

소망

먼저 간 당신 품고 긴 세월 가슴앓이
이 다음 세상에선 씨줄과 날줄처럼
서로를 사랑했던 정 꼭 껴안고 만나자.

뉘우침

후회가 찾아들면 마음속 빗장 걸고
상흔을 보듬은 채 그 시절 바라본다
슬픔이 때릴 때마다 써야 하는 반성문.

한 번쯤

견우성 직녀성은 해마다 만나면서
간직한 못다 한 정 표현도 하건마는
우리는 꿈속일망정 왜 만나지 못하죠.

이별

접혔다 펼쳐지는 보고픔 훔쳐보면
그 틈에 발광하는 추억의 꼬리 잡고
아직도 당신 그리며 방황하는 이 한밤.

이별가

창백한 눈꽃송이 울컥한 슬픔 안고
허공 속 좁은 길을 맥 풀려 걸어간다
한밤중 숨은 별 하나 헤맨 줄도 모른 채.

안타까움

나들이 가로막고 그칠 줄 모르는 비
멀고도 가까웁게 추억이 찾아와서
올올이 그리움 깨워 함께하자 조른다.

떠나간 친구

잊은 듯 살아가도 너만은 반짝였지
언제나 든든하게 있을 줄 알았는데
이별도 준비 못한 채 보낸 마음 아리다.

유년의 추억

추억의 흔적 안고 마음만 허망하다
하천은 도랑 되고 벗들은 간 곳 없고
폐선된 철다리에서 유년시절 돌아본다

다릿발 삼킬 듯이 흙탕물 넘실넘실
전깃줄 제비처럼 서로가 마주 보다
용기를 홍수에 싣고 오리처럼 떠간다

목격한 어른들의 간곡한 만류에도
두려움 이겨내며 호기를 만끽했다
어린날 무모한 용기 떠올리니 짜릿해.

친구들의 만남

따르릉 한 통화에 목포로 모였구나
마주친 시선마다 우정이 주렁주렁
시공을 초월한 농담 우리 모두 하회탈.

떠난 후에

가슴속 그리움이 불그레 번지면서
추억의 모닥불을 조금씩 지피는데
서러움 싹이 자라나 마음속이 시리다.

인생

목숨이 윤이 나게 오로지 가야 할 뿐
응원은 가능해도 휴가는 없는 여행
준비는 미흡하지만 시작하면 가야 해.

서러움

기댈 곳 없던 시절 외로움에 등을 대며
속울음 토해내며 버티고 버티는데
수평선 물들인 노을 그리워라 엄마 품.

향수 · 1

저 달이 이울어도 그 시절 반짝인다
맴도는 추억 송이 그립게 맺힌 사연
옛 모습 허물어져도 정감 깃든 고향집.

향수·2

여전히 제자리를 지키는 당산나무
널찍한 녹음 아래 햇볕을 피해 놀던
그 시절 천진난만한 초록 웃음 그립다.

향수·3

어스름도 모르게 풋보리 찜해 먹고
황금들 소란 피운 메뚜기 사냥꾼들
장난기 흠뻑 젖었던 그 시절이 그립다.

향수 · 4

발동기 타맥으로 온 밤이 시끄럽던
보릿대 태운 연기 흰 이불 덮은 하늘
발꿈치 들고 종종종 달려가고픈 그 시절.

병원에서

세상의 안부들은 밤잠도 짧나 보다
새 소식 파릇파릇한 목소리 상큼한데
언제쯤 생기 되찾아 웃음 안고 나갈까.

자신감

옹이 진 세파 위에 코로나 기승부려
마음은 조마조마 덫에 걸린 아픔들뿐
참아 봐 지구별 인류 지혜로운 존재니까.

님

추억을 물들였던 환한 별 어디 갔나
그날의 붉은 숨결 가슴에 감기는데
먼 훗날 다시 온다는 다짐들만 남았네.

주름살

어제를 증명하는 그 길이 굴곡지다
슬픔도 즐거움도 서서히 스며들어
인생의 지난날들을 새겨놓은 일기장.

제3장
이른 봄 그리운 꽃대

낮달

대낮에 나타난 너 낯빛이 해쓱하다
어젯밤 잠적한 님 못 잊어 나섰느냐
싫다고 떠나간 사람 찾아내서 뭐하게.

산골 마을 우체통

빨간 옷 곱게 입고 돌담에 기대서서
지는 해 서운해도 새벽별 잠 깨우면
오늘은 반가운 내 님 언제 오나 궁금해.

호미

허리선 굽고 굽어 거동이 불편하다
윤이 난 손잡이로 가족들 먹여 살려
녹슬은 무언의 자태 어머니의 뒷모습

석양빛 비쳐 드는 조용한 헛간에서
한 서린 굽은 말들 시렁에 주렁주렁
그리움 붉게 물들어 추억 품은 먼 옛날.

청개구리

연잎에 걸터앉아 아픔을 되새기나
무엇이 후회되어 비 오면 통곡이냐
지난날 연연치 말고 행복하게 살거라.

석양

하루일 마치고 온 수평선 붉은 빛들
외딴섬 비켜오는 어선들 정겨운데
옛정에 젖은 눈동자 추억 속을 헤맨다

남은 생 함께하자던 저녁의 깊은 눈빛
주위와 상관없이 더 곱게 성장하며
이제는 마지막 사랑 믿고 사는 멋쟁이

여생이 촌음인데 너무나 황홀하다
떠나는 순간까지 이토록 좋을 수가
당신의 고운 모습만 생각하며 살리라.

봄비

조용한 걸음으로 가슴에 보물 안고
새 생명 모두에게 다가간 속삭임들
오늘도 귀중한 선물 어여쁜 꽃 보듬는다.

나무의 일생

먼 길을 돌고 돌아 서러움 지워내면
훈훈한 바람결이 반갑게 다가오지
우듬지 펄럭거리며 꺼내 보는 연둣빛

여윈 몸 품안에서 깨어난 생명의 싹
지난날 하던 대로 풍성히 살찌웠지
이제는 녹음방초에 초대하리 당신을

풍성한 결실들도 돌아보면 꿈이더라
뜨겁던 그 시절로 단풍잎 띄워 본다
먼저 간 고운 님 손길 느껴 보고 싶어라

지나온 부귀영화 한 폭의 그림인가
곁에서 떠난 벗들 어디서 불러올까
오늘밤 함박눈 오면 따스하게 열릴까.

새벽이슬

보랏빛 꽃망울에 어둠이 자리하면
오는 잠 뒤로하고 익숙한 새벽길을
사뿐히 찾아 내려와 희망 안겨 준다네.

두견새

때 되면 마다않고 찾아온 그리움아
온밤을 삭혀야지 새벽에 통곡하니
가슴속 토해낸 설움 내 심정과 같구나.

입춘

봄날의 문지방을 거뜬히 넘어오며
기대에 부푼 생명 온화한 체온으로
양지녘 노란 수선화 꽃봉오리 감싼다.

봄노래

행여나 다칠세라 새 희망 들쳐업고
달려온 봄바람이 뒷동산 뛰어올라
오늘도 못다 한 인연 사랑 노래 부른다.

오월이면

선홍빛 옛이야기 그날을 떠올린다
찔레꽃 하얀 향은 여전히 터질 듯해
오늘도 울 것만 같아 초조 속에 그린다.

장마

몸 안에 울음이 그리도 많았을까
한 풀고 자리 뜨니 길바닥 혼비백산
세상사 매듭짓기가 쉽지만은 않았겠지.

보름달

어둠 속 걸어나온 홍조 띤 둥근 얼굴
수줍은 표정 안에 속마음 감춰 놓고
꽉 채운 보고픔들을 높이 높이 띄운다.

쌍둥이 노송

슬픔이 번져 와도 서로를 격려하며
의지한 긴긴밤에 새겨논 만고풍상
아픔이 소나기처럼 흘러내린 가지들.

당산나무 두 그루

동구 밖 한가한 곳 서로를 마주본 채
흘러간 세월 속에 닮아간 뒷모습들
천수를 누리며 사는 금슬 좋은 노부부.

조춘 단상

제 몫의 봄을 모은 연둣빛 버들가지
별빛이 내리는 밤 주안상 마주하고
내일을 지울 것처럼 즐겨 보리 이 한밤.

5월의 신기루

봄날의 추억 환한 산허리 올라와서
싱싱한 녹음 위에 초록을 덧칠하면
엄마의 싱그런 미소 눈감아도 보인다.

제4장
함께할 그날 위해

만춘

봄볕은 휘어질 듯 연둣빛 알록달록
하늘은 연한 쪽빛 티 없이 가득한데
농익은 사랑의 자태 마음속에 안긴다.

연가戀歌

한가위 둥근달은 당신의 고운 얼굴
비단결 마음속에 간직한 천리향은
지금도 사랑의 화음 노을 위를 거닌다.

향사享祀

조상의 얼 기리면서 위패를 바라보니
향로에 피운 향연 후손들 감싸 준다
조상의 깊은 숭고함 길이 길이 새기자.

여행길

기대감 부풀어서 싱싱한 길을 내면
시선은 여기저기 풍물은 낯설지만
색다른 이야깃거리 찾는 재미 즐겁다.

완도 수목원

에워싼 산봉우리 초록빛 단장하면
환하게 차오르는 호수의 쪽빛 윤슬
눈길들 호기심 안고 쓰다듬기 바쁘다.

백아산*

바람이 휘어잡는 솔향기 그윽하고
온화한 연무 화가 수묵화 그려내면
백아의 삼라만상이 이심전심 즐거워.

---

* 백아산 : 화순군 백아면에 위치하고 있는 산.

환산정*

백천공 충절 담은 일대기 적어가자
물결체 문장들은 그 이름 환산호로
고요 속 지극한 정성 육필 원고 완성된다.

---

* 환산정(環山亭): 백천 류함선생의 정자. 화순군 향토문화유산 제35호.

환산정에서

청명한 하늘 아래 환산호 평화롭고
물의 틈 찾아내어 수놓는 적벽 병풍
오늘도 고결한 숨결 자연 속에 노닌다.

백천 류함

애환의 깊은 사연 붓끝에 적셔 놓고
먹먹한 가슴밭에 충절초 가득 심어
병자년 구국의 횃불 화순에서 들었다.

---

* 백천(百泉) 류함(柳涵) 1576-1661 : 공(公)의 휘는 함(涵)이요 자는 자정(子淨)이며, 호는 백천(百泉)으로 본관은 문화류씨(文化柳氏)이다. 정묘호란(丁卯胡亂, 1627) 때 조카 류응량(柳應良)과 함께 전라도(全羅道)에서 의병을 일으켰으며, 병자호란(丙子胡亂, 1636)에는 화순(和順)에서 거의(擧義)하여 맹주(盟主)로서 의병을 이끌고 청주(淸州)까지 올라갔다가 화친(和親)의 소식을 듣자 통곡하고, 돌아와서 환산정(環山亭)을 짓고 절속(絶俗)하였다. 산자수명(山紫水明)을 자랑하는 환산정(環山亭)은 백천(百泉) 선생의 우국지한(憂國之恨)을 삭이던 곳으로 소요하며 때때로 시를 읊었다.

충무공 이순신

사나이 날 선 의지 하늘에 맹세하고
백두대간 푸른 혈류 유유히 흐르도록
명예도 바다에 깔고 애국심만 키운다

장부의 푸른 각오 마음에 새기면서
호국의 관솔 의지 심장에 뿌리박고
아직도 열두 척 전함 신에게는 있다오.

운해 속 새벽 안개 예측을 못할 때도
충성의 깃발 끝에 생명을 매달고서
가슴속 최후의 승전 목숨 내건 의로움.

노병의 회고

승선한 파월 장병 부산항 출국 신고
군악대 연주 속에 사기가 충천하여
수평선 열고 닫으며 수송선은 달렸다

우리가 하선한 곳 월남땅 나트랑 항
한밤중 터진 포탄 지축을 흔드는데
정글 속 수색 작전에 동행하는 생과 사

꽃피던 이십 대가 목숨 건 격전지들
자연의 무상 앞에 옛 모습 흔적 없어
머리에 서릿발 이고 회상해 본 전적지.

시조 짓는 노인

한 생애 뒤흔드는 시상을 부여하고
느낌을 다듬어서 환한 꿈 노래하네
날마다 작품 써 가는 노년 인생 즐겁다.

정치꾼

거목의 꼭대기에 파렴치 더부살이
헐벗은 혹한에도 잇속만 챙기는데
이제는 제 속 비우고 국민 위해 일하소.

만연산*

초록으로 몸을 풀고 온 마을 안고 있다
돌돌 만 희로애락 풀었다 당기면서
오늘도 고운 윤슬로 새 희망을 띄운다.

* 만연산 : 화순읍에 있는 산.

천운산*

유명세 못 얻어도 수시로 운해 안고
묵묵한 바다처럼 마음을 갈고닦아
긴 세월 석탄 내주며 넉넉하게 베푼다.

* 천운산 : 화순군 동면에 있는 석탄을 매장하고 있는 산.

청령포에서

서강을 휘돌아서 삼 면을 막아 놓고
나갈 곳 오직 한 곳 율륙봉 험준 암벽
눈멀고 귀먹은 아픔 캄캄하게 저문다

유배지 솔밭 그늘 스산한 바람 일고
매일을 하루같이 눈뜨면 지루함뿐
허기져 메마른 가슴 저 하늘은 아는지

덧씌운 인간의 탈 갈 길이 아니건만
세상사 후안무치 자행한 천륜만행
권력을 거머쥔 당신 사는 동안 편합디여?

산

고매한 품성으로 세상을 다독이며
기쁨과 고난까지 온몸에 수놓은 채
묵묵히 맞이해야 할 숙명적인 나날들

언제나 한결같이 산자락 펼쳐 놓고
계절을 전시하는 풍경화 그려 가며
모두들 즐거움 안고 추억 송이 새긴다.

여자단체 양궁

장하다 여궁사들 금메달 목에 걸어
올림픽 9연패로 기록을 갱신한다
눈부신 열광의 주역 휘날리는 태극기.

한실 문예창작 문우들의 작품집

오늘의 詩選集 Series

오늘의 詩選集 제1권

화장을 지우며
강만순 지음 / 144면

오늘의 詩選集 제2권

또 한 번 스무 살이 되고 싶은 밤
김숙희 지음 / 160면

오늘의 詩選集 제3권

사랑의 빈자리 될까 봐
박완규 지음 / 144면

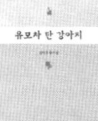
오늘의 詩選集 제4권

유모차 탄 강아지
김미경 지음 / 112면

오늘의 詩選集 제5권

이 환장할 봄날에
신점식 지음 / 176면

오늘의 詩選集 제6권

작아지고 싶다
주경희 지음 / 176면

오늘의 詩選集 제7권

가을은 어디나 빈자리가 없다
전금희 지음 / 176면

오늘의 詩選集 제8권

쓸쓸함에 대하여
이후남 지음 / 176면

오늘의 詩選集 제9권

바람이 열어 놓은 꽃잎
문재규 지음 / 220면

오늘의 詩選集 제10권

단 한 번 사랑으로도
이호근 지음 / 176면

오늘의 詩選集 제11권

할 말은 가득해도
최승벽 지음 / 176면

오늘의 詩選集 제12권

비밀 일기
박봉은 지음 / 176면

오늘의 詩選集 제13권

꽃만 봐도 서러운 그날
한실 문예창작 동인지 제8집

오늘의 詩選集 제14권

마냥 좋기만 한 그대
최기숙 지음 / 176면

오늘의 詩選集 제15권

풀꽃향 당신
김영순 지음 / 176면

오늘의 詩選集 제16권

유리인형
박봉은 지음 / 176면

오늘의 詩選集 제17권

보고픔이 자라고 자라서
한실 문예창작 동인지 제9집

오늘의 詩選集 제18권

첫사랑
김부배 지음 / 176면

오늘의 詩選集 제19권

나는 매일 밤 바람과 함께 사라진다
박덕은 지음 / 240면

오늘의 詩選集 제20권

오늘도 걷는다
유양업 지음 / 176면

오늘의 詩選集 제21권

내 사람 될 때까지
전춘순 지음 / 176면

오늘의 詩選集 제22권

처음 사랑
한실 문예창작 동인지 제10집

오늘의 詩選集 제23권

당신에게·둘
박봉은 지음 / 176면

오늘의 詩選集 제24권

그 누가 다녀간 것일까
전금희 지음 / 206면

오늘의 詩選集 제25권

한 잔 술에 가둘 수 없어
이후남 지음 / 164면

오늘의 詩選集 제26권

그리움 머문 자리
이인환 지음 / 176면

오늘의 詩選集 제27권

사랑의 콩깍지
김부배 지음 / 176면

오늘의 詩選集 제28권

사랑은 시가 되어
최길숙 지음 / 176면

오늘의 詩選集 제29권

그리움이라서
이수진 지음 / 176면

오늘의 詩選集 제30권

그리움 헤아리다
배종숙 지음 / 176면

오늘의 詩選集 제31권

아직 끝나지 않은 이야기
장헌권 지음 / 176면

오늘의 詩選集 제32권

마냥 좋아서
한실 문예창작 동인지 제11집

오늘의 詩選集 제33권

그리움의 언덕에 서다
김부배 지음 / 176면

오늘의 詩選集 제34권

사찰이 시를 읊다
이수진 지음 / 176면

오늘의 詩選集 제35권

그대는 나의 누구인가
한실 문예창작 동인지 제12집

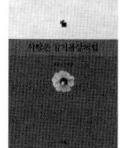
오늘의 詩選集 제36권

사랑은 감기몸살처럼
박봉은 지음 / 176면

오늘의 詩選集 제37권

그때는 몰랐어요
정주이 지음 / 176면

오늘의 詩選集 제38권

몰래 한 사랑
조정일 지음 / 192면

오늘의 詩選集 제39권

여백의 미학
한실 문예창작 동인지 제13집

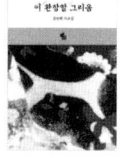
오늘의 詩選集 제40권

이 환장할 그리움
김부배 지음 / 164면

오늘의 詩選集 제41권

지금도 기다릴까
유양업 지음 / 166면

오늘의 詩選集 제42권

사랑하기까지
한실 문예창작 동인지 제14집

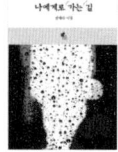
오늘의 詩選集 제43권

나에게로 가는 길
전예라 지음 / 176면

오늘의 詩選集 제44권

지금 여기에
이양자 지음 / 184면

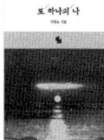
오늘의 詩選集 제45권

또 하나의 나
이명순 지음 / 176면

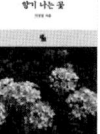
오늘의 詩選集 제46권

향기 나는 꽃
서정필 지음 / 192면

오늘의 詩選集 제47권
그리움의 향기
한실 문예창작 동인지 제16집

오늘의 詩選集 제49권
그리움의 시간
강덕순 지음 / 176면

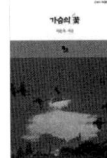
오늘의 詩選集 제51권
가슴의 꽃
서은옥 지음 / 176면

오늘의 詩選集 제48권
마음의 쉼표
김방순 지음 / 176면

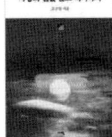
오늘의 詩選集 제50권
사랑의 전설 안고 피어나라
조규칠 지음 / 168면

오늘의 詩選集 제52권
노을의 여백
류광열 지음 / 144면

한실 문예창작 동인지

한실 문예창작 동인지 제1집
『한꿈』

한실 문예창작 동인지 제3집
『당신의 쓸쓸함은 안녕하십니까』

한실 문예창작 동인지 제5집
『그래도 한쪽 가슴은 행복합니다』

한실 문예창작 동인지 제7집
『아직도 사랑인가 봐』

한실 문예창작 동인지 제2집
『한꿈』

한실 문예창작 동인지 제4집
『목련은 흔들리고 있다』

한실 문예창작 동인지 제6집
『좋은 걸 어떡해』

한실 문예창작 동인지 제8집
『꽃만 봐도 서러운 그날』

한실 문예창작 동인지 제9집
『보고픔이 자라고 자라서』

한실 문예창작 동인지 제10집
『처음 사랑』

한실 문예창작 동인지 제11집
『마냥 좋아서』

한실 문예창작 동인지 제12집
『그대는 나의 누구인가』

한실 문예창작 동인지 제13집
『여백의 미학』

한실 문예창작 동인지 제14집
『사랑하기까지』

한실 문예창작 동인지 제15집
『시의 집을 짓다』

한실 문예창작 동인지 제16집
『그리움의 향기』

오늘의 수필집 Series

오늘의 수필집 제1권

그곳 봄은 맛있었다
최세환 지음 / 288면

오늘의 수필집 제2권

바람 따라 구름 따라 별빛 따라
유양업 지음 / 288면

오늘의 수필집 제3권

행복한 여정
유양업 지음 / 304면

오늘의 수필집 제4권

창문을 읽다
박덕은 지음 / 164면